Space Mysteries

Misterios del espacio

W9-DEW-195

By Katharine Kenah

WATERBIRD BOOKS

Columbus, Ohio

School Specialty
Children's Publishing

Copyright © 2005 School Specialty Children's Publishing. Published by Waterbird Books, an imprint of School Specialty Children's Publishing, a member of the School Specialty Family.

Printed in the United States of America. All rights reserved. Except as permitted under the United States Copyright Act, no part of this publication may be reproduced or distributed in any form or by any means, or stored in a database or retrieval system, without prior written permission from the publisher, unless otherwise indicated.

The publisher would like to thank the NOAA Photo Library, NOAA Central Library; OAR/ERL/National Severe Storms Laboratory (NSSL) for their permission to reproduce their photograph used on the cover and the title page of this publication.

Library of Congress Cataloging-in-Publication Data is on file with the publisher.

Send all inquiries to:
School Specialty Children's Publishing
8720 Orion Place
Columbus, OH 43240-2111

ISBN 0-7696-3812-0

1 2 3 4 5 6 7 8 9 10 PHXBK 10 09 08 07 06 05 04

Every day, the sky affects
our lives in big and small ways.
Turn the page and step outside.
The mysteries of space
are waiting for you!

Todos los días, el cielo afecta
nuestras vidas mucho o un poco.
Voltea la página y sal.
¡Los misterios del espacio
te esperan!

Sun

The Sun is a ball of hot, burning gas.
It sends heat, light, and energy
to people, plants, and animals.
There would be no life on Earth
without the Sun.

El Sol

El Sol es una bola de gas
caliente y ardiente.
Despide calor, luz y energía para
las personas, plantas y animales.
No habría vida en la Tierra sin el Sol.

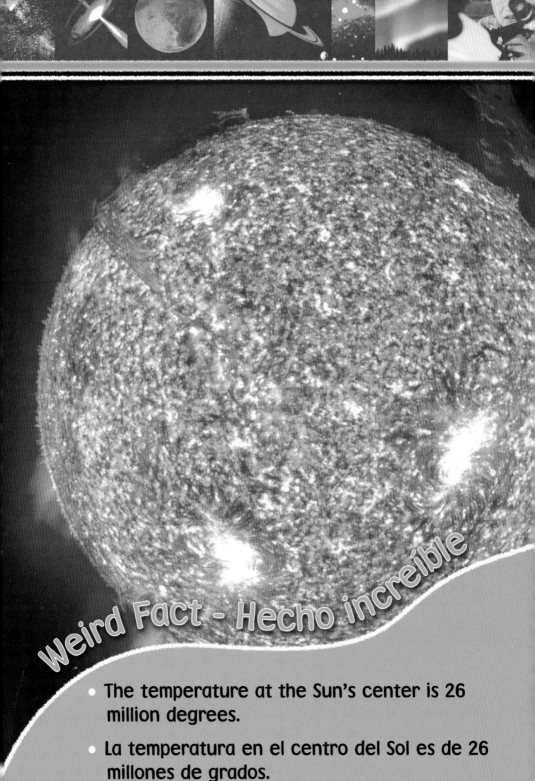

Weird Fact - Hecho increíble

- The temperature at the Sun's center is 26 million degrees.

- La temperatura en el centro del Sol es de 26 millones de grados.

Moon

The Moon is Earth's
closest neighbor in space.
It is made of rock.
The Moon has no weather,
no wind, and no water.

La Luna

La Luna es el vecino más
cercano de la Tierra en
el espacio.
Está hecha de roca.
La Luna no tiene tiempo
atmosférico ni viento ni agua.

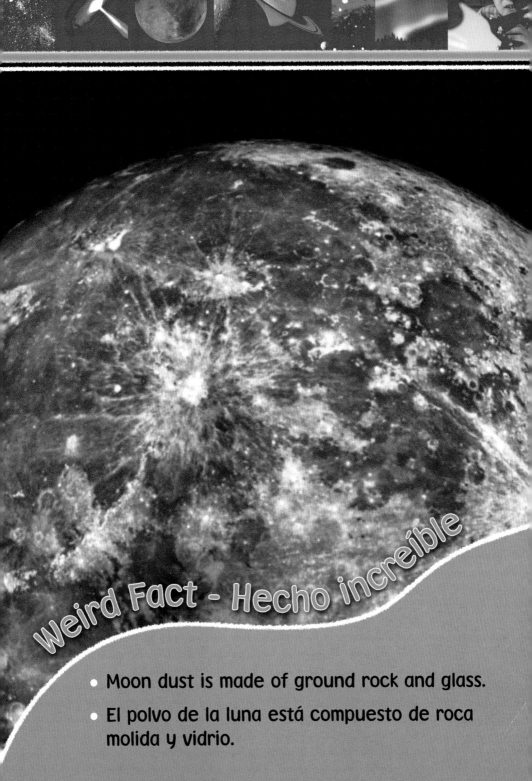

Weird Fact - Hecho increíble

- Moon dust is made of ground rock and glass.

- El polvo de la luna está compuesto de roca molida y vidrio.

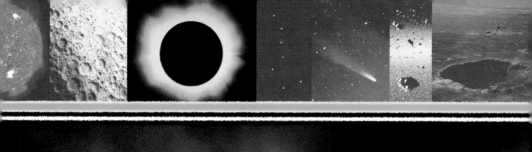

Eclipse

Sometimes, the Moon passes
between the Sun and Earth.
The Moon hides the Sun's light.
This is called a *solar eclipse*.
Sometimes, the Earth passes
between the Sun and Moon.
Earth's shadow covers the Moon.
This is called a *lunar eclipse*.

Los eclipses

A veces, la Luna pasa
entre el Sol y la Tierra.
La Luna oculta la luz del Sol.
A esto se le llama *eclipse solar*.
A veces la Tierra pasa
entre el Sol y la Luna.
La sombra de la Tierra cubre la Luna.

Constellations

Some stars form pictures
in the night sky.
These groups of stars
are called *constellations*.
Constellations are named for
animals, people, and
everyday things.

Las constelaciones

Algunas estrellas forman figuras
en el cielo durante la noche.
Estos grupos de estrellas
se llaman *constelaciones*.
A las constelaciones se les
da nombres de animales,
personas y cosas comunes.

Weird Fact - Hecho increíble

- The North Star, or the Polaris Star, is right above the North Pole.

- La Estrella Polar o Estrella Alfa está exactamente encima del polo Norte.

11

Comet

A comet is like a giant,
dirty snowball.
It is more than a mile wide.
A comet is made of dust,
rocks, gas, and ice.

Los cometas

Un cometa es como una bola
de nieve gigantesca y sucia.
Mide más de una milla de ancho.
Un cometa está hecho de polvo,
rocas, gas y hielo.

- Shooting stars are bits of comet dust and ice falling into Earth's atmosphere.

- Las estrellas fugaces son pedacitos de polvo y hielo de cometas que caen en la atmósfera de la Tierra.

13

Asteroid

An asteroid is a lump of rock.
It looks like a potato.
Some asteroids are tiny.
Some are huge.
The asteroid Ceres is
620 miles across!

Los asteroides

Un asteroide es una masa de roca.
Se parece a una papa.
Algunos asteroides son diminutos.
Algunos son enormes.
¡El asteroide Ceres mide 620 millas
de ancho!

Weird Fact - Hecho increíble

- Near Earth Asteroids are asteroids that pass close to Earth. A collision with these asteroids could cause disaster.

- Los asteroides cercanos a la Tierra son los que pasan cerca de la Tierra. Un choque con estos asteroides puede causar un desastre.

Meteoroids

Small objects falling through space
are called *meteoroids*.
Meteoroids are made of bits of rock
from crashing asteroids.
They are also made of dust
falling from comets.

Los meteoroides

Los objetos pequeños que se mueven por el espacio se llaman *meteoroides*. Los meteoroides están hechos de pedazos de roca de los asteroides que chocan. También están hechos de polvo que cae de los cometas.

Weird Fact - Hecho increíble

- Some people think that a meteorite crash 65 million years ago may have killed the dinosaurs on Earth.

- Algunas personas creen que el choque de un meteorito hace 65 millones de años pudo haber matado a los dinosaurios de la Tierra.

Milky Way

The Milky Way is a galaxy.
A galaxy is a group of stars
spinning in space.
The Milky Way is shaped
like a pinwheel.
It is made of billions of stars,
dust clouds, and gas.

La Vía Láctea

La Vía Láctea es una galaxia.
Una galaxia es un grupo de estrellas
que da vueltas en el espacio.
La Vía Láctea tiene la forma
de un molinete.
Está formada por miles de millones de
estrellas, nubes de polvo y gas.

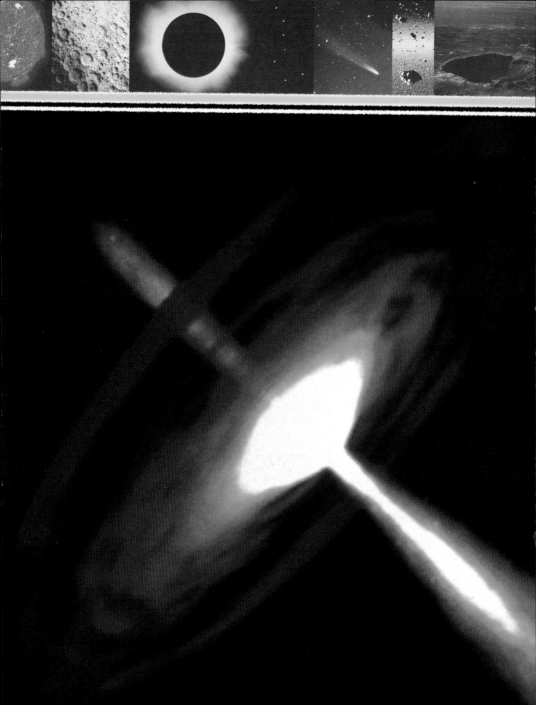

Black Hole

A black hole is a spot in space
where gravity is very strong!
A black hole pulls everything into it.
Nothing can escape it, not even light.

Los agujeros negros

¡Un agujero negro es un lugar del espacio
donde la gravedad es muy fuerte!
Un agujero negro atrae todo hacia él.
Nada se le escapa, ni siquiera la luz.

Mars

Mars is called the *Red Planet*.
Mars' red color comes from
the iron in its soil.
Mars has mountains, deserts,
canyons, and polar ice caps
just like Earth.
But Mars has no water to drink
and no oxygen to breathe.

Marte

A Marte se le llama el *Planeta Rojo*.
El color rojo de Marte lo produce
el hierro del suelo.
Marte tiene montañas, desiertos,
cañones y casquetes polares exactamente
como la Tierra.
Pero Marte no tiene agua para beber
ni oxígeno para respirar.

Weird Fact - Hecho increíble

- Mars has weaker gravity than Earth. If you weighed 100 pounds on Earth, you'd weigh 40 pounds on Mars.

- Marte tiene una gravedad más débil que la de la Tierra. Si pesas 100 libras en la Tierra, pesarías 40 libras en Marte.

23

Saturn

The planet Saturn is full of liquid.
This makes it very light.
Saturn would float on water!
Saturn has seven rings.
These rings are made of
chunks of rock and ice.

Saturno

El planeta Saturno está
lleno de líquido.
Esto lo hace muy liviano.
¡Saturno flotaría en el agua!
Saturno tiene siete anillos.
Estos anillos están hechos de
pedazos de roca y hielo.

Dwarf and Giant Stars

A star shines until it runs out of fuel.
Then, it starts to swell.
This very large star is called a *red giant*.
Then, the star starts to shrink.
All that is left is the star's
tiny, hot center.
This is called a *white dwarf*.

Estrellas
enanas y gigantes

Una estrella brilla hasta que se le
acaba el combustible.

Después, empieza a extenderse.

Esta gran estrella se llama *gigante roja*.

Luego, la estrella empieza a encogerse.

Todo lo que queda es el centro pequeño
y caliente de la estrella.

A esto se le llama *enana blanca*.

Northern Lights

Sometimes, small bits of gas
fly off from the Sun in streams.
They hit the air around Earth
and start to glow!
This is called the *northern lights*.

La aurora boreal

A veces, pequeñas cantidades de gas
salen volando del Sol en chorros.
Esos chorros chocan con el aire que
rodea la Tierra y ¡empiezan
a resplandecer!
A esto se le llama *aurora boreal*.

Weird Fact - Hecho increíble

- In the northern hemisphere, the northern lights are called the *aurora borealis*. In the southern hemisphere, they are called the *aurora australis*.

- En el hemisferio norte la aurora boreal se llama también *luces del norte*. En el hemisferio sur se llama *aurora austral*.

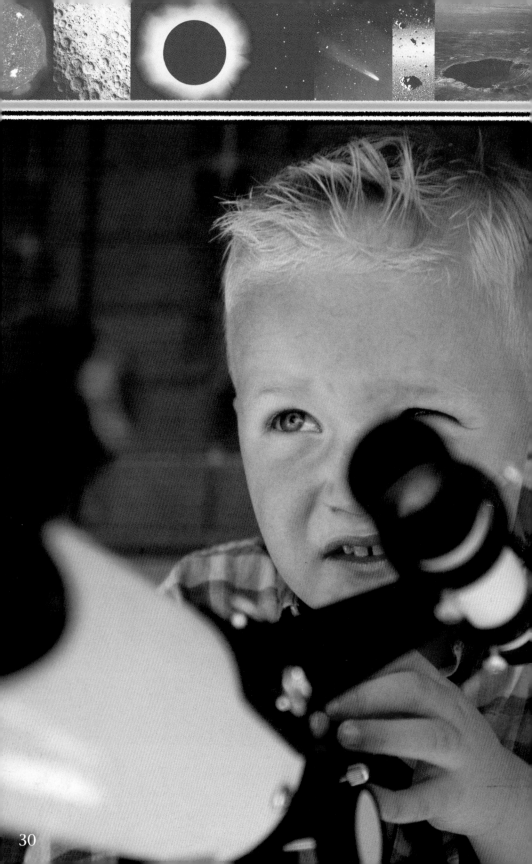

Sky Watching

Some people use telescopes
to look at the sky.
Some people use binoculars.
Some people go to planetariums
to watch star shows.
Some people simply use
their own eyes.

Observación del cielo

Algunas personas usan telescopios
para mirar el cielo.
Algunas personas usan binoculares.
Algunas personas van a los planetarios
a observar espectáculos de estrellas.
Algunas personas simplemente usan
los ojos.

EXTREME FACTS ABOUT SPACE MYSTERIES!

- More people have walked on the Moon than on the deep sea floor.

- If all asteroids were put together in one rock, it would be smaller than Earth's moon.

- The Milky Way galaxy spins at 155 miles per hour.

- If people fell into black holes, they would be stretched out long and thin like giant spaghetti.

- Some red giant stars grow so big that they explode. They are called *supernovas*.

¡HECHOS CURIOSOS ACERCA DE LOS MISTERIOS DEL ESPACIO!

- Más gente ha caminado sobre la Luna que sobre el fondo del mar.

- Si todos los asteroides se juntaran en una sola roca, sería más pequeña que la luna de la Tierra.

- La galaxia Vía Láctea gira a 155 millas por hora.

- Si la gente cayera en agujeros negros, se alargaría y se adelgazaría como un espagueti gigante.

- Algunas estrellas gigantes rojas crecen tanto que explotan. Se les llama *supernovas*.